CIENCIA
ASOMBROSA

¡Rambum!
¡Pum!
Un libro sobre tormentas

por Rick Thomas
ilustrado por Denise Shea
Traducción: Sol Robledo

Asesor de contenido: Daniel Dix, Meteorólogo Ejecutivo,
The Weather Channel

Asesora de lectura: Susan Kesselring, M.A., Alfabetizadora
Rosemount-Apple Valley-Eagan (Minnesota) School District

PICTURE WINDOW BOOKS
Minneapolis, Minnesota

Dirección ejecutiva: Catherine Neitge
Dirección ejecutiva: Terri Foley
Dirección artística: Keith Griffin
Redacción: Patricia Stockland
Diseño: Nathan Gassman
Composición: Picture Window Books
Las ilustraciones de este libro se crearon con medios digitales.
Traducción y composición: Spanish Educational Publishing, Ltd.
Coordinación de la edición en español: Jennifer Gillis/Haw River Editorial

Printed in the United States of America.

**Library of Congress
Cataloging-in-Publication Data**
Thomas, Rick, 1954-
[Rumble, boom!. Spanish]
¡Rambum! ¡pum! : un libro sobre tormentas / por Rick
Thomas ; ilustrado por Denise Shea ; traducción Sol Robledo.
p. cm. — (Ciencia asombrosa)
Includes bibliographical references and index.
ISBN-13: 978-1-4048-3227-5 (library binding)
ISBN-10: 1-4048-3227-0 (library binding)
ISBN-13:978-1-4048-2537-6 (paperback)
ISBN-10: 1-4048-2537-1 (paperback)
1. Thunderstorms—Juvenile literature. I. Shea,
Denise, ill. II. Title.
QC968.2.T4618 2007
551.55'4—dc22
2006027209

Contenido

Los limpiaparabrisas quitan el agua del cristal.
Las luces de los carros brillan en las calles mojadas.

Si miras arriba, verás nubes negras que se acercan. Los rayos rasgan el cielo.

Estás en medio de una tormenta.

Se forma una tormenta

La mayoría de las tormentas se forman durante el día, cuando el Sol calienta el aire. El aire está lleno de vapor de agua. Cuando el aire se calienta, sube al cielo. El vapor también sube.

Cuando el vapor sube, se mezcla con polvo. El vapor y el polvo forman las nubes. Unas nubes gigantes son planas arriba y tienen forma de yunque.

Corrientes que bajan

Cuando hay nubes de forma de yunque,
va a llover. Mira cómo se juntan y se
oscurecen. Las nubes están llenas de
millones de gotitas de agua. Nos tapan
la luz del Sol.

Las gotitas crecen cuando se enfrían. Dejan de subir. Algunas de ellas regresan al suelo en forma de lluvia. Llevan aire fresco. El aire fresco baja del cielo en una corriente.

Celdas de tormenta y superceldas

El aire frío que sube y el aire caliente que baja forman una celda de tormenta. Una tormenta está formada por una o más celdas. Las gotitas de agua que están en la nube de tormenta se convierten en lluvia y caen. La celda se va haciendo más pequeña. La tormenta se acaba. La mayoría de las tormentas duran alrededor de 30 minutos.

A veces, la mezcla del viento y del aire muy frío hace que una celda crezca más y más. Se juntan grupos de celdas y forman una gran supercelda de tormenta. Las superceldas pueden durar horas. Estas tormentas tienen vientos peligrosos, aguaceros, truenos y rayos.

11

Energía eléctrica

Las tormentas llevan electricidad. El aire que sube y el aire que baja dentro de una nube de tormenta crea una carga de electricidad fuerte. La carga lleva más de 300,000 voltios de electricidad por pie (30 centímetros). Sólo se necesitan 12 voltios para echar a andar el motor de un carro. Así que una tormenta tiene suficiente energía para echar a andar un millón de carros.

Los truenos y los rayos

Los truenos son el sonido del aire caliente que sube y se expande a una gran velocidad. Ese aire viaja a más de 1,000 pies (300 metros) por segundo. Es cuatro veces más rápido que el carro más veloz del mundo.

Ves un rayo. Un solo rayo puede calentar el aire cinco veces más que la superficie del Sol. Los rayos pueden caer en edificios o postes de electricidad. Pueden cortar árboles, derretir cables de teléfono e incendiar el pasto.

Línea de chubasco y granizo

Las tormentas pueden viajar juntas. Las orillas forman una pared larga de nubes amenazadoras que se llama línea de chubasco. Esas líneas pueden cubrir 100 millas (160 kilómetros) del cielo.

Las líneas de chubasco traen mucha lluvia. Si el aire está muy frío, las gotas de lluvia se congelan al caer y forman granizo. El granizo puede quebrar ventanas, dañar carros y destruir siembras.

Ráfagas de viento

Las corrientes frías que bajan aumentan de velocidad al acercarse al suelo. Algunas traen ráfagas de viento peligrosas. A veces se llaman microrráfagas.

Los aviones pueden volar por encima de las nubes cuando hay tormenta. Pero si las tormentas son muy fuertes, los aviones se quedan en tierra. Una microrráfaga fuerte puede soplar las alas de un avión y hacer que pierda el control.

Un planeta tormentoso

Las tormentas traen rayos, vientos fuertes y mucha lluvia que a veces hace desbordar los ríos.

Cada día, hay entre 1,500 y 2,000 tormentas en el planeta. Cada minuto, hay 6,000 rayos.

Cada hora, se forman tormentas, crecen y mueren. Los truenos y los rayos desaparecen.

Cómo protegerse

Los tres peligros más grandes de una tormenta son los rayos, los desbordamientos de ríos y los vientos fuertes. Si te agarra una tormenta fuera de casa, busca refugio. Quédate adentro y no te acerques a las ventanas.

- Durante una tormenta eléctrica fuerte, desconecta los televisores, los radios y las computadoras. Desconecta las líneas de teléfono o los cables de las computadoras. Los cables pueden conducir los rayos dentro de las casas.

- Escucha las estaciones del tiempo en un radio de pilas. En caso de un desbordamiento de río, aléjate de zonas bajas, como los arroyos, ríos y drenajes.

- En caso de tornados o muros de viento, protégete en un sótano. Si no hay un sótano cerca, puedes protegerte debajo de un mueble pesado o en un pasillo en medio de un edificio.

- Sigue la regla 30/30 con los rayos. Cuando veas la luz de un rayo, comienza a contar. Si escuchas un trueno antes del 30, significa que el rayo está cerca. Espera 30 minutos para abandonar tu refugio después del último rayo que veas.

Sobre las tormentas

- En general, un rayo tiene tanta energía como un reactor nuclear.

- Un rayo puede caer hasta 10 millas (16 kilómetros) de distancia desde la tormenta que lo produjo. Sale de una nube de forma de yunque en un cielo azulado.

- El granizo más grande que se conoce lo produjo una supercelda de tormenta que azotó Aurora, Nebraska, en el 2003. El granizo medía 7 pulgadas (18 centímetros) de ancho.

- Los rayos no sólo ocurren en la Tierra. Las tormentas eléctricas también se dan en Venus, Júpiter y Saturno.

Glosario

amenazador—peligroso

corriente que baja—columna de aire que se mueve rápidamente hacia el suelo

microrráfaga—fuerte viento que baja de una tormenta

nube yunque—nube de tormenta plana arriba y ancha

vapor—agua en forma de gas que no se ve

voltio—unidad de presión que mide la fuerza de la electricidad

Aprende más

En la biblioteca

Ada, Alma Flor. *Después de la tormenta.* Miami: Santillana, 1999.

Macaulay, Kelley. *Cambios del estado del tiempo: Las tormentas.* Nueva York: Crabtree Publishing, 2006.

Wallace, Karen. *El trompo del tiempo.* Glenview, IL: Scott Foresman/Dorling Kindersley, 2003.

En la red

FactHound ofrece un medio divertido y confiable de buscar portales de la red relacionados con este libro. Nuestros expertos investigan todos los portales que listamos en FactHound.

1. Visite *www.facthound.com*
2. Escriba una palabra relacionada con este libro o escriba este código: 1404809295
3. Oprima el botón FETCH IT.

¡FactHound, su buscador de confianza, le dará una lista de los mejores portales!

Índice

Busca más libros de la serie Ciencia asombrosa:

Copos y cristales: Un libro sobre la nieve

El ojo de la tormenta: Un libro sobre huracanes

¡Juush! ¡Ruum!: Un libro sobre tornados

Sopla y silba: Un libro sobre el viento

¡Splish! ¡Splash!: Un libro sobre la lluvia